*Jesus lebt! Ich bin gewiss,
nichts soll mich von Jesus scheiden,
keine Macht der Finsternis,
keine Herrlichkeit, kein Leiden.
Seine Treue wanket nicht;
dies ist meine Zuversicht.*

CHRISTIAN FÜRCHTEGOTT GELLERT • EG 115,5

Ich bin für dich da!

Mitten in der Nacht erwacht das Kind und ruft ängstlich nach der Mutter. Da hört es die vertraute, warme Stimme: „Keine Angst, ich bin da!"

Mitten in den Herausforderungen des Lebens ruft uns Gott zu: „Hab keine Angst, ich bin für dich da!" So hatte sich Gott bereits dem Mose am Berg Sinai zu erkennen gegeben. Gott nannte seinen Namen *Ich bin*. Mit dieser Zusage wagte sich Mose an den großen Auftrag, das Volk Israel aus der Sklaverei zu befreien.

Mitten im gesellschaftlichen Chaos seiner Zeit nannte der Prophet Jesaja einen neuen Gottesnamen: *Immanuel*, das bedeutet *Gott ist bei uns*. Dieser Gottesname gilt auch heute noch. Gott ist bei uns!

Mitten in der römischen Unterdrückung ging Gottes Sohn Jesus Christus zu den Menschen. Er war ganz bei ihnen, Gottes Nähe wurde in Heilungen, in Trost und in Ermutigung sichtbar. Mehrfach sprach Jesus aus, wer er für die Menschen ist. Seine Ich-bin-Worte münden in die großartige Zusage: „Ich bin für dich da!"

Mitten in unserem Leben wird dies für uns zur immer gültigen Gewissheit: „Ich bin nicht allein, du, Gott, bist für mich da." Auch heute lohnt es sich für uns, über die sieben Ich-bin-Worte Jesu nachzudenken, die uns das Johannes-Evangelium überliefert.

Könnt ich's irgend besser haben
als bei dir, der allezeit
so viel tausend Gnadengaben
für mich Armen hat bereit?
Könnt ich je getroster werden
als bei dir, Herr Jesu Christ,
dem im Himmel und auf Erden
alle Macht gegeben ist?
　　　　　Philipp Spitta • EG 406,2

Jesus spricht: Ich bin das Brot des Lebens. Wer zu mir kommt, den wird nicht hungern; und wer an mich glaubt, den wird nimmermehr dürsten.

Johannes 6,35

Das Brot des Lebens

Mit diesen Worten sagt uns Jesus: Ich bin einer, der den Hunger der Menschen kennt, den Hunger, den es noch immer auf dieser Welt gibt. Und ich habe meine Jünger beauftragt, dagegen vorzugehen: „Brich mit dem Hungrigen dein Brot!" Erbarmt sich einer der Not eines anderen, rechne ich es ihm hoch an, so, als sei es mir selbst geschehen. „Ich bin hungrig gewesen, und ihr habt mir zu essen gegeben. Ich bin durstig gewesen, und ihr habt mir zu trinken gegeben."

Jesus sagt damit auch: Ich kenne den Hunger nach Frieden für deine Seele, sehe die Unruhe, die dich umtreibt und die Sorge um dein Leben. Und ich verspreche dir, dir das zu geben, was wirklich nährt. Bei mir findest du Kraft, wenn du müde bist und Erfüllung für dein langes Suchen. Von meinem Brot zu essen, macht wirklich satt. Bei mir bist du geborgen, bei mir bist du im Frieden, mit mir wirst du ans Ziel gelangen. Darum komm und iss! Ich will dich tief in deinem Inneren satt machen.

Jesus, du bist das Brot des Lebens. Ich habe Lebenshunger, bin hungrig nach Frieden, nach Gerechtigkeit und nach Ruhe. Wie schwer ist dieser Hunger zu stillen! Da kommst du mit deinem Angebot, mich satt zu machen. Jetzt muss ich nicht mehr suchen, sondern ich habe bei dir gefunden, was mich erfüllt. Du schenkst mir den Frieden, den ich selbst nicht finden konnte. Deine Ruhe tut mir gut, deine Gerechtigkeit eröffnet mir neue Chancen. Du sorgst für mich – ich muss mich nicht mehr sorgen. Du füllst all meinen Mangel aus. Danke, Jesus, für diese neue Lebensfreude. Bei dir will ich bleiben!

Jesus Christus spricht: Ich bin das Licht der Welt. Wer mir nachfolgt, der wird nicht wandeln in der Finsternis, sondern wird das Licht des Lebens haben.
　Johannes 8,12

Das Licht der Welt

Dieses Wort Jesu, vor 2000 Jahren gesprochen, erwärmt und erhellt uns noch heute. Jesus wusste, dass wir Menschen uns immer nach dem Licht sehnen und wie uns die Dunkelheit bedrückt und ängstigt.

Jesus hat sein Wort gleich in die Tat umgesetzt. Das Johannes-Evangelium berichtet uns von einem Mann ohne Augenlicht, der ein Leben in der Finsternis seiner Krankheit führte. Er kannte weder Licht noch Farben, ja nicht einmal die Gesichter der Menschen, die er liebte, hatte er je gesehen. Sein ganzes Leben lang sah er nur Finsternis um sich her – bis Jesus an ihm vorüberging. Der Blinde konnte Jesus nicht sehen, doch Jesus sah ihn und wollte Licht in sein Leben bringen.

Jesus heilte den Blinden, der nun zum ersten Mal in seinem Leben die Welt um sich herum erblickte. Da

wurde es licht in seinem Leben: Er sah die Gesichter seiner Verwandten und Nachbarn, die Schönheit der Schöpfung Gottes und das Licht der Sonne. In Jesus sah er mehr als einen Wunderheiler, er erkannte in ihm den Sohn Gottes. Seiner göttlichen Helligkeit muss sogar die innere Dunkelheit weichen. Der Geheilte wurde zu einem Jünger Jesu. Er folgte Jesus nach und entdeckte in ihm das Licht des Lebens.

Jesus begegnet uns heute genauso wie dem Blinden damals. Er sieht uns, noch bevor wir ihn sehen können. Er will Licht in unsere Dunkelheit bringen. Er sieht unsere Ängste, unsere Sorgen, unsere Not. Jesus lädt uns ein, sein Licht zu entdecken. Er erleuchtet unser Dunkel durch seine Liebe, seine Gegenwart, seine guten Worte. Ein Leben mit Jesus vertreibt die Dunkelheit.

Jesus Christus spricht: Ich bin die Tür; wenn jemand durch mich hineingeht, wird er selig werden.

JOHANNES 10,9

Die Tür

Als der 53-jährige Mann durch die Gefängnispforte ins Freie trat, ließ er erleichtert alles hinter sich. Er hoffte, auch seine Erinnerungen und Selbstvorwürfe endlich abstreifen zu können. Wie oft hatte er jene folgenschwere Nacht in Gedanken wieder und wieder durchlebt. Bei der Feier war es spät geworden, fröhlich wurde ein Glas ums andere geleert. Er hatte sich zugetraut, mit dem Auto heimzufahren; schließlich war er ein guter Fahrer, und er kannte die Strecke genau. Aber in jener Nacht ging es nicht gut. Viel zu spät sah er in der Dunkelheit die Gestalt am Rand der Landstraße. Dann der dumpfe Aufschlag und seine panikartige Flucht. Wie gern würde er die Zeit zurückdrehen und diesen schwersten Fehler seines Lebens tilgen. Fahrlässige Tötung durch Trunkenheit mit anschließender Fahrerflucht lautete das Gerichtsurteil.

Und weil er schon einmal mit Alkohol einen Unfall verursacht hatte, war er zu zweieinhalb Jahren Haft ohne Bewährung verurteilt worden. Dank guter Führung durfte er nun sechs Monate früher den düsteren Bau verlassen. Endlich frei! Er schloss seine wartende Ehefrau in die Arme und lächelte selig. Der Schritt durch diese Tür war der Beginn eines neuen Lebens.

Zum Schritt in ein neues Leben ermutigt uns Jesus Christus. Er nennt sich selbst die Tür, durch die wir gehen können. Überschreiten wir ihre Schwelle, fällt alles, was uns belastet, von uns ab – und wir werden *selig*. Oder, wörtlich übersetzt: *gerettet, befreit*. Jesus ist die Tür zur Freiheit.

Anders als beim Häftling, der nach seiner Entlassung in die Freiheit hinausschreitet, sagt Jesus, dass derjenige frei wird, der durch ihn hineingeht. Hineingehen heißt, einen Raum zu betreten. Gehen wir durch Jesu

Tür hinein, entdecken wir ganz neue Maßstäbe. Die Tür, die Jesus ist, eröffnet einen ganz neuen, bisher nicht gekannten Lebensraum. Hier gibt es ein Leben ohne Schuld, weil Jesus Vergebung schenkt. Ein Leben ohne Angst, weil Jesus Geborgenheit gibt. Ein Leben in Liebe, weil Jesus Gottes Liebe ausstrahlt.

Jesus macht sich, die Tür, weit auf. Jede und jeder darf zu ihm kommen. Bei ihm finden alle Menschen Geborgenheit. Damals entdeckten die unterschiedlichsten Zeitgenossen Jesus als die Tür zur Freiheit: arme Witwen und tüchtige Handwerker, Schwerverbrecher und Ratsmitglieder, fromme Männer und Prostituierte, Kinder und Kranke. Jesus, die Tür, steht für alle offen – auch heute noch.

Jesus Christus spricht: Ich bin der gute Hirte und kenne die Meinen, und die Meinen kennen mich. Meine Schafe hören meine Stimme, und ich kenne sie, und sie folgen mir; und ich gebe ihnen das ewige Leben, und sie werden nimmermehr umkommen, und niemand wird sie aus meiner Hand reißen.
Johannes 10,14.27–28

Der gute Hirte

Zu Jesu Zeiten waren Hirten mit ihren Schafherden ein alltägliches Bild. Heute sieht man sie selten, aber das Ich-bin-Wort vom guten Hirten hat seine Gültigkeit bewahrt.

Der gute Hirte ist fürsorglich
Ein guter Hirte sorgt für alles, was seine Herde braucht: für frisches Wasser und grünes Gras ebenso wie für sichere Wege und Schutz in der Nacht. Der gute Hirte setzt in Gefahr sogar sein Leben für die Schafe ein.

Der gute Hirte Jesus sorgt für mich. Er weiß, was ich brauche. Meine Nöte und Bedürfnisse bleiben ihm nicht verborgen. Er setzt sich dafür ein, dass es mir gut geht.

Der gute Hirte zeigt den rechten Weg
Ein guter Hirte führt seine Herde auf sicherem Weg ans Ziel. Er gibt auf alle seine Schafe acht.

Der gute Hirte Jesus führt mich auf den richtigen Weg. Er kennt das Ziel, das ewige Leben. Er achtet darauf, dass ich unbeschadet dorthin gelange. Es genügt, wenn ich mich am guten Hirten orientiere und ihm nachfolge, auch wenn ich den vor mir liegenden Weg nicht ganz überblicke. Er weiß den Weg, das reicht mir zu wissen.

Der gute Hirte ist ein Beschützer
Ein guter Hirte beschützt seine Herde. Ein schwaches Tier legt er auf seine Schulter, wenn es nicht mehr laufen kann. Bei Nacht wacht er über seine Herde, im dunklen Tal ist er den Tieren ganz nah.

Der gute Hirte Jesus macht es, wie es im Psalm 23 heißt: „Und ob ich schon wanderte im finstern Tal, fürchte ich kein Unglück; denn du bist bei mir, dein Stecken und Stab trösten mich." Jesus ist mir in den schweren Lebensphasen spürbar nahe. Seine Nähe tröstet mich. Nichts kann mich seiner schützenden Hand entreißen.

Der gute Hirte kennt seine Schafe
Ein guter Hirte kennt alle Tiere, die zu seiner Herde gehören, oft weiß er ihre Namen. Er kennt ihre Stärken und Vorlieben, ihre Schwächen und Krankheiten. Entsprechend behandelt er sie.

Der gute Hirte Jesus kennt meinen Namen. Er spricht mich persönlich an. Er kennt mich so gut, dass er genau weiß, was ich gerade brauche. Er sorgt für mich, er zeigt mir den rechten Weg, er beschützt und tröstet mich!

Jesus Christus spricht: Ich bin die Auferstehung und das Leben. Wer an mich glaubt, der wird leben, auch wenn er stirbt; und wer da lebt und glaubt an mich, der wird nimmermehr sterben.
JOHANNES 11,25–26

Die Auferstehung und das Leben

Das Unfassbare war geschehen! Der geliebte Bruder Lazarus war gestorben, obwohl er noch jung war. Seine Schwestern Maria und Marta waren untröstlich. Sie hatten Jesus zu Hilfe gerufen, aber als er kam, lag Lazarus schon vier Tage im Grab.

Dieses Gefühl der Hilflosigkeit kennen wir. Wir rufen Gott um Hilfe an, doch anscheinend tut sich gar nichts. Da stellt sich die Frage: Kommt Gott zu spät? Kann Jesus nicht helfen? So wie Maria und Martha zweifeln auch wir manchmal schwer an Jesus und damit auch an Gott. Doch dann sagte Jesus: „Ich bin die Auferstehung und das Leben. Wer an mich glaubt, der wird leben, auch wenn er stirbt!" Ja, sollte das wirklich stimmen, fragten sich die Schwestern, dass unser Bruder Lazarus noch einmal leben darf? Kann das wirklich sein? Da wurde es Marta klar: Richtig, es wird eine Auferstehung am Ende dieser Zeit geben. Daran glaube ich fest. Der Tod wird nicht das Letzte sein.

Diese Hoffnung erfüllt auch uns. Wir Christen können gewiss sein, dass der Tod nicht das Ende von allem ist. Niemand kann uns diese Gewissheit nehmen. Jesus sagt: „Wer da lebt und glaubt an mich, der wird nimmermehr sterben!" Damit verspricht er, dass es durch den Glauben an ihn ewiges Leben gibt. Wer sich in diesem Leben Jesus zuwendet, ihm vertraut, der wird ewig leben.

Doch Jesus dachte nicht nur an die Ewigkeit, für ihn zählte auch das irdische Dasein. Er lieferte den Beweis dafür, dass er stärker als der Tod ist und erweckte Lazarus zum Leben. Die Schwestern bekamen eine gute gemeinsame Zeit mit ihrem Bruder geschenkt. Das war Lebensfreude pur.

Für uns heute zählt vor allem die Hoffnung, die uns Jesus mit seinem Ich-bin-Wort gibt. Mit dieser Hoffnung im Herzen lässt es sich bereits am heutigen Tag viel leichter leben. Die Auferstehung, die Jesus uns verspricht, wirkt sich nicht erst am Sankt-Nimmerleins-Tag aus. Wir können gewiss sein, auch wenn etwas Schweres kommt, auch wenn es nicht so läuft wie geplant, dann haben wir durch den Glauben an Jesus eine herrliche Zukunft.

Jesus fragte Marta abschließend: „Glaubst du das?" Sie antwortete: „Ja, Herr, ich glaube!" Das kann auch unsere Antwort auf dieses Ich-bin-Wort Jesu sein. Zuerst sagen wir vielleicht zaghaft, aber dann immer gewisser: Ja, Herr, ich glaube, stärke mich in diesem Glauben! An Jesus zu glauben heißt leben – jetzt und in Ewigkeit!

Jesus Christus spricht: Ich bin der Weg und die Wahrheit und das Leben; niemand kommt zum Vater denn durch mich.

Johannes 14,6

Der Weg, die Wahrheit und das Leben

Der Weg

Jesus sagt, dass er der Weg ist – unser Weg. Er gibt uns die Möglichkeit, in unserem Leben voranzukommen. Manchmal sind wir unsicher, wie es weitergehen kann und zerbrechen uns den Kopf darüber. In solchen Situationen können wir den Weg nicht erkennen.

Doch da sagt Jesus, dass er der Weg ist, auf dem wir gehen können. Er ist der Weg, auch durch Schwierigkeiten hindurch. Er ist der Weg, auf dem wir zur Freude kommen, hier in diesem Leben und in seiner Herrlichkeit. Das möchte ich immer wieder neu glauben.

Die Wahrheit

Jesus sagt, dass er die Wahrheit ist. Eine gültige Wahrheit brauchen wir dringend in einer Welt voller Lüge

und Unwahrheit. Jesus ist einer, auf den wir uns verlassen können. Was er verspricht, das hält er auch. Er ist bei uns, er sorgt für uns, er liebt uns. Das hat Jesus versprochen. Wer sich an ihn wendet, der wird nicht enttäuscht werden. Wer sich an Jesus hält, der wird gehalten werden. Diese Wahrheit gilt.

Das Leben
Jesus sagt, dass er das Leben ist. Weil er selbst das wahre Leben ist, wird unser Leben mit Jesus zu etwas ganz Besonderem. Wir spüren, dass wir begleitet und geborgen sind. Unser Leben plätschert nicht nur bedeutungslos dahin, von einem Tag auf den anderen. Ein Leben mit Jesus bringt Sinn und Erfüllung. Weil Jesus selbst der Lebendige ist, haben wir Anteil am wahren Leben. Aus seiner Vergebung können wir jeden Tag leben. Durch seine Liebe können wir täglich bestehen. In seinem Frieden sind wir allezeit geborgen. Das ist wahres Leben!

Weg hast du allerwegen, an Mitteln fehlt dir's nicht;
dein Tun ist lauter Segen, dein Gang ist lauter Licht;
dein Werk kann niemand hindern,
dein Arbeit darf nicht ruhn,
wenn du, was deinen Kindern ersprießlich ist, willst tun.
PAUL GERHARDT • EG 361,4

Wir bitten deine Güte, wollst uns hinfort behüten,
uns Große mit den Kleinen;
du kannst's nicht böse meinen.
Erhalt uns in der Wahrheit, gib ewigliche Freiheit,
zu preisen deinen Namen durch Jesus Christus. Amen.
LUDWIG HELMBOLD • EG 320,7–8

Der ewig reiche Gott woll uns bei unserm Leben
ein immer fröhlich Herz und edlen Frieden geben
und uns in seiner Gnad erhalten fort und fort
und uns aus aller Not erlösen hier und dort.
MARTIN RINCKART • EG 321,2

Jesus Christus spricht: Ich bin der Weinstock, ihr seid die Reben. Wer in mir bleibt und ich in ihm, der bringt viel Frucht; denn ohne mich könnt ihr nichts tun. JOHANNES 15,5

Der Weinstock

In den Weinbergen wachsen die Trauben heran, bis sie geerntet und gekeltert werden können. Die Weingärtner freuen sich darauf, doch zuvor gibt es viel Arbeit.

Jesus sagt, er ist der Weinstock und wir sind die Reben, also die Äste am Weinstock. Das bedeutet, dass von ihm alle Wachstumskräfte ausgehen, die in uns fließen. Durch uns hindurch können dann Früchte wachsen. Früchte sind all das, was wir anderen Menschen Gutes tun: Jesu Früchte reifen, wenn wir freundlich zu anderen sind, wenn wir geduldig mit ihnen umgehen, wenn wir ein hilfreiches Wort oder eine gute Tat für sie haben. Das kann Jesus durch uns bewirken.

Er sagt auch, dass wir ohne ihn nichts können. Denn von Jesus bekommen wir die Kraft, wirklich gut zu anderen zu sein: in tiefster Seele gut über die anderen zu denken, aus tiefstem Herzen und jederzeit für sie da zu sein. Das geht nicht so einfach aus mir selbst heraus. Erst wenn ich weiß, ich bin von Jesus geliebt und angenommen, habe bei ihm einen festen Halt und bekomme von ihm meine Lebenskraft, erst dann ist es mir möglich, andere zu lieben, ihnen Halt zu geben und etwas von der Kraft weiterzugeben, die ich im Glauben durch Jesus erhalte.

Wir sind dazu eingeladen, diese Kraft im eigenen Leben zu entdecken. Wer mit Jesus im Glauben verbunden ist, erhält besondere Kräfte: die Kraft der Liebe, die Kraft der Geduld, die Kraft des Glaubens und die Kraft des Friedens! Davon können wir erst so richtig leben.

Wir sind dazu eingeladen, den Menschen, die mit uns zu tun haben, etwas weiterzugeben. Das sind die Früchte, über die wir uns freuen können. Gott, der gütige Weingärtner, freut sich, wenn es etwas zu ernten gibt. So ein richtig fruchtbares Leben ist möglich durch Jesus, der unser Weinstock ist.

*Bei dir, Jesus, will ich bleiben,
stets in deinem Dienste stehn;
nichts soll mich von dir vertreiben,
will auf deinen Wegen gehn.
Du bist meines Lebens Leben,
meiner Seele Trieb und Kraft,
wie der Weinstock seinen Reben
zuströmt Kraft und Lebenssaft.*

PHILIPP SPITTA • EG 406,1

Gebet

Jesus Christus,
du bist das Brot des Lebens,
bei dir wird mein Lebenshunger gestillt.
Du bist das Licht der Welt,
bei dir weicht die Dunkelheit meiner Ängste.
Du bist die Tür,
die mich in Gottes Welt hineinführt.
Du bist der gute Hirte,
bei dem ich immer geborgen bin.
Du bist die Auferstehung und das Leben,
darum muss ich mich vor dem Tod nicht fürchten.
Du bist der Weg,
deshalb kann ich mutig weitergehen.
Du bist der Weinstock,
von dir bekomme ich Lebenskraft und Lebensfreude.
Du bist immer für mich da.
Du bist für mich Frieden und Segen.
Ich danke dir dafür.
        Amen.